熊本震度7の神意と警告

天変地異リーディング

まえがき

熊本《くまもと》で「震度7」の地震《じしん》が起きた。

何ともいやなタイミングである。

細かい内容は本文《ほんぶん》に譲《ゆず》るが、私たちは、巨大地震《きょだいじしん》や火山噴火《ふんか》、津波《つなみ》などは、単《たん》なる自然現象《しぜんげんしょう》ではない、と考える立場《たちば》である。

言葉を換《か》えれば、そこにある種《しゅ》の神意《しんい》を読み取る立場である。これが古来《こらい》からの宗教の伝統的《でんとうてき》立場である。

唯物論《ゆいぶつろん》に染《そ》まって、「ただの迷信《めいしん》だ。」とうそぶく人も多かろう。ただテレビの画《が》面《めん》に、巨大な地震のツメあとが映《うつ》り、神意を問《と》えば、はっきりと「日本の意志《いし》の神」なる複数神霊《ふくすうしんれい》がお答えになる事実がここにある。日本建国にかかわり、また、明治維新《めいじいしん》にもかかわった神々の統一意見《とういついけん》である。まずはご一読《いちどく》願いたい。

二〇一六年　四月十五日

幸福《こうふく》の科学《かがく》グループ創始者兼総裁《そうししゃけんそうさい》
幸福実現党総裁《こうふくじつげんとうそうさい》　大川隆法《おおかわりゅうほう》

熊本震度７の神意と警告　目次

熊本震度7の神意と警告

——天変地異リーディング——

二〇一六年四月十五日　収録

東京都・幸福の科学　教祖殿《きょうそでん》　大悟館《たいごかん》にて

「霊言現象《れいげん》」とは、あの世の霊存在の言葉を語り下ろす現象のことをいう。これは高度な悟《さと》りを開いた者に特有のものであり、「霊媒現象《れいばい》」（トランス状態になって意識を失い、霊が一方的にしゃべる現象）とは異なる。外国人霊の霊言の場合には、霊言現象を行う者の言語中枢《ちゅうすう》から、必要な言葉を選び出し、日本語で語ることも可能である。

なお、「霊言」は、あくまでも霊人《れいじん》の意見であり、幸福の科学グループとしての見解と矛盾《むじゅん》する内容を含《ふく》む場合がある点、付記しておきたい。

熊本震度7の神意と警告

――天変地異リーディング――

二〇一六年四月十五日　収録

東京都・幸福の科学　教祖殿《きょうそでん》　大悟館《たいごかん》にて

質問者　※質問順

里村英一《さとむらえいいち》（幸福の科学専務理事〔広報・マーケティング企画担当〕兼 ＨＳＵ講師）

斎藤哲秀《さいとうてっしゅう》（幸福の科学編集系統括担当専務理事
兼 ＨＳＵ未来創造学部芸能・クリエーターコースソフト開発担当顧問）

天雲菜穂《てんくもなお》（幸福の科学第三編集局長 兼「アー・ユー・ハッピー？」編集長）

［役職は収録時点のもの］

1　熊本地震の半日後、リーディングを開始

四度目の「震度7」を記録した熊本地震

大川隆法　今日の収録タイトルは、「熊本震度7の地震の神意を探る」です。

昨夜（四月十四日）、九時二十六分ぐらいに、熊本県の益城町《ましきまち》で、震度7の地震が起きました。その日の夜のニュースや、今朝のニュースでも、地震の報道が続いています。

また、今朝の新聞では、読売新聞や朝日新聞でも、大きく取り上げられています。なお、被害者の数は今も増えているようですが、今朝の時点の情報では、死者九名、重軽傷者が千人弱ぐらいではないかということです。ただ、これから増える可能性はあるでしょう。被害は少しずつ増えている状況ではあります。

なお、「震度7」というのは、一九四九年につくられた基準です。それまでは、「震度6」までしかなく、その基準がつくられてから起きた「震度7」の地震は、まだ三つしかありません。それが、阪神《はんしん》・淡路《あわじ》大震災、新潟《にいがた》県中越《けんちゅうえつ》地震、そして二〇一一年の東日本大震災です。これまでは、この三つしかなくて、今回の熊本での地震が四つ目ということになります。

今のところの被害としては、前回の東日本大震災に比べて小さいようには見えますが、あれは津波の被害が加わ

2016 年 4 月 14 日に発生した平成 28 年熊本地震を各紙朝刊が一面で報じた。（上：4 月 15 日付読売新聞。下：同日付朝日新聞）

りましたので、やや意味合いが違うかもしれません。

大震災には「神の意志」がかかわっていることが多い

大川隆法　さて、当会では、過去に何冊か、天災に関する本を出しています。最近のものとしては、前回の衆議院選（二〇一四年十二月十四日）の前に、『阿《あ》蘇《そ》山《さん》噴火リーディング』（幸福の科学出版刊）という本を出しました。これは、阿蘇山の噴火に神意《しんい》があるかどうかを調べたものです。ちょうど、衆議院解散の直後で、それは、「アベノミクス延命解散」とも言われていました。あるいは、幸福の科学大学の不認可に関して、当時の下村《しもむら》文科大臣の守護霊霊言を出していたので、当会としては、「下村事件解散」などとも、〝勝手に〟言っていたわけです。

ただ、このときの神霊は、神様の名前を名乗らず、「地軸の神」と言っていました。「神の名をみだりに呼ぶな」ということだったわけです。

また、二〇一五年七月には『箱《はこ》根《ね》山《やま》噴火リーディング』（幸福の科学出版刊）という本も出しました。これ（箱根山の噴火）は、当会の前理事長を箱根精舎《しょうじゃ》の館長として送ったら、今のところ止まっています。何か、お力があるのか、噴火が止まっているわけです。

さらに、その前になるのですが、『広島大水害と御嶽山《おんたけさん》噴火に天意はあるか』（幸福の科学出版刊）という本も出していますし、あるいは、小笠原《おがさわら》沖地震や口永良部《くちのえらぶ》島《じま》噴火に関して、『大震災予兆リーディング』（幸福の科学出版刊）という本も出しました。

このように、幾つか出しているわけです。

こうしたものは、原始的というか、アニミズム的に見えるところもあるかもしれませんが、古来から日本では、「大震災等のときには、何か神意があるのかどうか」というようなことを宗教的に探るところがあるわけで、当会としても、それを探ってみているのです。

また、やや震災等の数が多くなってきたような気がしていますし、どこか政治状

●アニミズム　山や風、海や川、動物など、自然界のすべてのものに霊魂（アニマ）や精霊が宿っているとする、自然崇拝的な信仰形態。

況などに、こまめに反応している感じも受けています。

なお、リーディングにおいては、人格神的な方が言ってくることもあれば、外国の方が言ってくる場合もありました。あるいは、名前を名乗らず、「地軸の神」というように言われる方もいます。

熊本地震の「真の原因」はどこにあるのか

大川隆法　さて、昨日の地震がなぜ起きたのかを考えてみて、やや分からないところもあるでしょうから、これを訊《き》いてみなくてはいけないと思うのです。
例えば、先日、四月十一日には、麻生《あそう》財務大臣が、「消費税の引き上げについては、リーマン・ショックや東日本大震災のようなことがないかぎり、予定どおり引き上げるのが、選挙の際に約束した内容だ。予定どおりにしたい」といったことを述べています。ところが、その三日後に震度7の地震が起きているので、若干《じゃっかん》、呼応したような感じに見えなくもありません。

あるいは、原発再稼働に反対している人たちも大勢いるので、地震等があれば心配することもあるでしょう。今もまた、地震が引き続きあるか分からない状況ですし、阿蘇山の噴火もあるかもしれないので、原発の心配をされているわけです。

なお、川内《せんだい》原発（鹿児島県）は停止せずに予定どおり動いているようですが、すでに停止中の玄海《げんかい》原発（佐賀県）や伊方《いかた》原発（愛媛県）についても、異常は確認されていないようです。そういう原発反対勢力のほうに賛成しているような意見があって、こういうふうな〝脅《おど》し〟をかけている可能性がないとは言えません。

また、北朝鮮では、本日は北朝鮮初代最高指導者の金日成《キムイルソン》の誕生日を祝し、国を挙げての大きな記念日だということで祝日なのですが、昨日から、「ムスダン（中距離弾道ミサイル）を撃ち上げる」と言っています。

これは、アメリカのグアム基地まで届く射程距離のものですけれども、実際に、今朝の段階では、「すでに撃ったらしいが、失敗したのではないか」ということで報道されています。ただ、何発か用意しているという説もあるので、まだこれからも撃つかもしれませんし、それと同時に、「また核実験をする」とも言っています。つまり「五度目の核実験に入る」とも言っているようなので、そうしたことが続くかもしれません。そういう予定日が、今日、四月十五日でした。

その前日、昨日の午後には、二年前の東京都知事選での選挙においてお金を運動員に撒《ま》いたということで、田母神俊雄《たもがみとしお》・元航空幕僚長《ばくりょうちょう》を選挙違反で逮捕《たいほ》したというニュースが流れていました。

お金を出してもよい運動員と、出してはいけない運動員とがあるらしく、非常に難しいのです。当時から、選挙カーに乗ってマイクを握っている人等には撒いてもよかったらしいのですが、それ以外の人には撒いてはいけないなど、いろいろ細かい規定があるようです。

選挙が終わったあとに、田母神氏と事務局長あたりの相談があったかなかったかは、今後、議論になるでしょうけれども、労をねぎらうために五千万円ぐらい撒いたのではないかという説があって、昨日のタイミングで東京地検特捜部が逮捕したのですが、このあたりの政治的意図《いと》は分からない面もあります。

「自民党ではないから逮捕した」という説もありますが、他党のスキャンダルのようなものも出したり、自民党もやられたりしてはいますから、単にこれも出したいということかもしれないのですが、今日、北朝鮮のムスダンが発射されるというタイミングで、その前日に、元航空幕僚長を逮捕するというのはどういうことなのだろうか、というところです。このメッセージが少し分かりにくいところがあります。

田母神氏はミサイル部隊の長《ちょう》をしていた方ではあるので、日本にミサイル防衛が必要な今の時期に、それをしていた人を逮捕したということのメッセージが何かあるのか。それとは関係なく、指揮者なしで動いただけなのか。そういうこともありますが、このあたりはよく分かりません。

あるいは、日本の自虐史観や、国防でのタカ派的傾向を多少薄めて見せるために、選挙対策用に逮捕したのか、それとも、当時、田母神氏が公明党に対するやや過激な演説などを行っていたので、選挙協力上の関係で逮捕したのか。このあたりはよく分からないところです。

いずれにしても、タイミング的には、「嫌なタイミングだな」という感じを、私は受けました。

これについては、ほかにもあるかもしれません。衆参同時選挙も取り沙汰されていますけれども、これに大義があるかどうかを疑っているところもあります。当会でも、「やや大義《たいぎ》がないのではないか」と言っています。

前回も安倍氏による衆議院解散（二〇一四年十二月に行われた第47回衆議院議員総選挙）の前に阿蘇山の大噴火が起きました。今回、震度7の地震があった熊本の隣は麻生氏の地盤である福岡ということで、これと何らかの関係があるのかどうかということもあります。

熊本地震に関係する神霊をお呼びする

大川隆法　そこで、今回の地震について霊査《れいさ》したいと考えています。神様の名前が出るかどうかは分かりませんが、何か関係のある方をお呼びしようと思います。

前回（前掲『阿蘇山噴火リーディング』参照）は、「もう日本は駄目だ」というような感じで非常に怒られましたが、けっこう細かく、まめにこういう噴火や地震等を起こすのかどうかはよく分かりません。

いずれにせよ、神意を聞いてみましょう。何もなければ、それはそれで構いません。偶然であれば別によいですし、マスコミが「断層があるような所だ」というようなことも言っていますので、そのような所で地震があったということであれば、また、原発等の廃止、停止のほうに世論が動くかもしれないし、どういう考えがあってのことかを知りたいと思います。

出るかどうかは分かりませんが、とりあえず訊いてみましょう。

里村　はい。お願いいたします。

大川隆法　昨日、熊本で震度7の地震が起きました。これに関しまして、「何らかの神意があるのかどうか」を、宗教団体として探りたいと考えております。

熊本地震に関しまして、特に深く関係があられた神霊がおられましたら、どうか、幸福の科学　教祖殿《きょうそでん》に降《お》りたまいて、その御心《おこころ》を明らかにしてくだされば幸いかと思っております。

昨夜の熊本震度7の地震に関しまして、何らかの神意を表《あらわ》したいと考えておられた方がいらっしゃいましたら、その中心的な方をお呼びして、その神意を伺いたいと思います。

どうぞ、幸福の科学　教祖殿に降りたまいて、その御心の内を明かしたまえ。

（約十秒間の沈黙）

2 熊本地震に込められた「メッセージ」とは

熊本は「神国日本の原点」に近い土地

熊本地震に関係する神霊（以下、「神霊」）（息を吸って大きく吐《は》く）

里村　おはようございます。

神霊　フンッ。

里村　今回の熊本地震にかかわりのある神霊の方でいらっしゃいますでしょうか。

神霊　うん。

里村　おいでくださって、ありがとうございます。

昨日の夜、午後九時二十六分ごろに、熊本地方で大きな地震が起きました。あなたは、その地震とどのようなかかわりをお持ちでいらっしゃいますでしょうか。

神霊　うーん？

里村　昨晩の地震と、どのようなかかわりをお持ちですか。

例えば、「地震を引き起こした」とか、あるいは、「地震が起きた事情をよくご存じである」とか。

どのようなかかわりをお持ちであられますでしょうか。

神霊　うーん。まあ……、神国《しんこく》日本の「原点」に近いあたりであるからねえ、熊本もね。

里村　はい。

神霊　まあ、何らかの神意は要《い》るかなあとは思ってはおるがなあ。

里村　前回、熊本地方では阿蘇山の噴火がございました。今から、一年半近く前になりますけれども、そのときも、神霊の方にお話をお伺《うかが》いしました。

その際、私たちは、日本に対する非常に強い危機感、警告というものを感じさせていただきましたけれども、やはり、今回も、神国日本とのかかわりで、現代の日本人に、何かしらのメッセージを伝えんとされているということでしょうか。

神霊　うん。そうだなあ。

まあ、「地震」とかな、「噴火」とか、「津波」とか、こういうものが来るときは、だいたい、私らが、そのなかで「何らかの政治的なメッセージを出している」っていうことだなあ。

昔のように、その神意が伝わらないことが多いけどねえ。今は、あなたがたが、ちょっと解説はしてくれるんで、一部には伝わることもあるからなあ。

里村　はい。

「人間の〝小さい頭〟で、ぐじゃぐじゃ考えんでもよい」

神霊　うーん……。まあ、前回の阿蘇山のときは、毎日新聞が、神をおちょくるような記事を少し書いとったでねえ（毎日新聞二〇一四年十一月二十九日付「余録」）。「阿蘇山が噴火するたびに（阿蘇山の神である健磐龍命《たけいわたつのみこと》の）格を上げたのに、全然、止まらなかった。おまけに、富士山まで噴火した」みたいなことを書いてて、「神様が連携してるんだったら、人間も連携できないか。連帯して止められないか」みたいな、生意気《なまいき》なことを書いとったでな。まあ、それは、ちょっと解説をされたようではあるけれどもなあ。

里村　なるほど。

神霊　熊本も、震度7は経験がないようであるから、まあ、今回、余震でも6ぐらいはあったわなあ?

里村　はい。

神霊　ただ、被害は、少なめに止めておいてやったんだがなあ。

里村　ああ……。今のところ、四月十五日の朝九時ぐらいの段階で死者は九人です。「十人」というように報道しているマスコミもございますけれども。

神霊　ちょっとは増えるかもしらんがなあ。
まあ、人間は、いずれ全員死ぬからな。そんなにこだわる必要はない。

里村　なるほど……。

神霊　うーん。

里村　前回の阿蘇山の噴火のときには、「地軸《ちじく》の神様」という方が出られたわけですが（前掲『阿蘇山噴火リーディング』参照）、奇《く》しくも、本日の朝日新聞では、今回の地震の報道をしている下で、看板コラムである「天声人語」にて、「地軸の反転」について書かれていました。

神霊　うん？　何が……。

里村　「地球のN極とS極が転回することがある」ということが書かれていました。今回の地震とのかかわりで書いたわけではないのですけれども、今朝、この「天声人語」を見て、私としては、阿蘇山噴火の神様、地軸の神様のことを、ちょっと思い出したりもいたしました。

神霊　うーん（舌打ち）。まあ、人間の〝小さい頭〟でいろんなことを考えとるんだなあ。

里村　はい。

神霊　まあ、ぐじゃぐじゃ考えんでもよいのだ。

人間が「神」になり、視聴率や部数が「神の代わり」になった

里村　はい。それでは、いろいろなものがあると思いますけれども、今回は、現代の日本人に、現代人に、どのようなメッセージを伝えんとして、この地震を起こされたのでしょうか。

神霊　うーん。まあ、不満は幾《いく》つかあるわなあ。

里村　はい。

神霊　う－ん……、うん。さっき、なんかちょっと解説にもあったようだから……。とにかく腹は立っとるわけよ。

里村　お腹立ちでいらっしゃると。

神霊　もうねえ、人間が増殖してなあ。増殖だけでない、増長もしておるわなあ。

里村　増長ですか。

神霊　う－ん。うぬぼれてるわ。自分たちの力をな。それで何か、全部を、自然を支配してなあ。ええ？

政治も、「自分ら人間だけの力で全部やれる」と思うとるらしくてさあ。人間の統計かなんか知らんが、その統計調査、世論《せろん》調査みたいなので、神の声みたいに思うてやっとるような、えぇ？　たぶらかしてさあ。
　そういうことばっかりやっとるよなあ。

里村　ええ。

神霊　「神の声をちゃんと素直に聞け」というんだよな、もうちょっとなあ。

里村　もう本当に、統計で表れるような数字を、まるであたかも神の声であるかのように指して……。

神霊　〝神を消した〟んだよ。消したんでな。人間が神になったんだ。人間の集合の……、まあ、新聞で言やあ、部数、テレビでは視聴率か？　週刊誌なら発行部数かは知らんが、その数が、要するに〝神の代わり〟なんだろう？

里村　ええ。

神霊　そういうことじゃないか。

里村　はい。

神霊　それがなあ、要するに、一般意志的に、「人間の考えが、神のお考えを投影《とうえい》したものだ」とも考えとるのかな？

里村　はい。

神霊　とんでもないわ。

現代の民主主義は「神はいない」という前提で成り立っている

斎藤　現代の日本、そして全世界では、「民主主義」ということで、「一人一票」として人権が重んじられております。そうしたものについては、どう見えているのでしょうか。

神霊　……うーん、いやなあ、だから、「神様はもういない」という前提で一人一票をかき集めて、そして、多数を取ったものが正義ということになっとるが、多数になったもんがやっとる仕事が悪いわなあ。とにかく。

　そして、その民意なるものをつくってるマスコミっていうのが、偏向《へんこう》に偏向を重ねてて、どこに公平中立なもんがあるのかなあ。

里村　はい。

神霊　それと、やっぱり、戦後体制で、教育からもそうだし、政治からもそうだけども、この宗教、あるいは神の心みたいなのを完全に排除しようとしてきた。七十一年なあ。

里村　はい。

神霊　やっぱり、許しがたいわなあ。

里村　前回の阿蘇山の噴火のときも、時がたてば、まさに、その戦後の教育面に現れた悪しき唯物的な思考により、「幸福の科学大学を認可しない」という出来事があったと思います。

神霊　あれは絶対に許さんからな。

里村　ほお。

神霊　うん。あれはそのうち、別途《べっと》、〝祟《たた》り〟を起こしてやるから。

里村　また……（苦笑）。

神霊　別途、起こすから、あれについては。

里村　あの、別に、「地震を起こしていただきたい」とか、そういうことは本当にないのですけれども（苦笑）。

3 神霊は何に対して「怒っている」のか

「安倍首相の心のなかには〝濁《にご》り〟がある」

里村　それでは、「神を認めない、神を殺した民主主義の誤り」というところで、具体的に、お腹立ちの点の幾つかをお訊きしたいと思います。

最初に、大川隆法総裁からもご解説いただきましたので、お伺いしたいと思いますが、まず、つい先般、日本の総理大臣、あるいは、財務大臣が消費税引き上げに関して、「リーマン・ショックや東日本大震災ほどのものがなければ上げる」という発言をして、国際的にも報道された直後に、こういう大地震が起きました。ここについても、お腹立ち等はございますでしょうか。

神霊　それで、あれだろう？　伊勢志摩《いせしま》サミットだのを五月にやって、ええ格好《かっこう》しようとしとんだろう？　安倍氏はな。

里村　はい。

神霊　ええ格好して。ねえ？　神社、伊勢神宮を引き合いに出してな、信仰心があるようなふりしてな。「日本は神々のおわす国である」っていうようなところを見せて、やろうとしとんだろう？

里村　はい。

神霊　しかし、違うなあ。

里村　違う?

神霊　うーん、違うなあ。心のなかに明らかに〝濁《にご》り〟があるわなあ。

日本とアメリカで「非人道的」だったのは、どちらか?

斎藤　伊勢志摩サミットを「日本神道の縁ある地」で行うということで、われわれも少し感じ入るところもありますけれども、それは〝違う〟ということですか。

神霊　うん。この前、それに先立って、外務大臣がいっぱい来て、広島を見学して、何かしたんだろうけどさあ(注。広島市で開催された主要七か国〔G7〕外相会合に出席した各国外相は、四月十一日に広島平和記念公園を訪れ、公園内の広島平和記念資料館を訪問、原爆死没者慰霊碑に献花した)。ちゃんと謝らせろよ。なあ? 謝ってないだろうが。

里村　はい。

神霊　だからさ、原爆を落としたところが謝っとらんで、見学しに来ただけだろう。何十年ぶりか知らんけどさあ。見学したけど、次、オバマが来て、見るかどうかと言ってるんだろうけどさ。非人道的行為《ひじんどうてきこうい》をやったのはどこか、よう知ってもらいたいわけよ。

それなのに、日本のなあ、中国への非人道的行為だ、韓国への非人道的行為だとか、こんなのばっかりさあ、もうテレビ、新聞、その他、延々と、何十年もやり続けて、政府は謝り続けて、国民は自虐史観《じぎゃくしかん》をずーっと持ち続けておるわけよなあ。

やっぱりねえ、もう、正直に物事を見たほうがいいと思うな。

里村　はい。

神霊　非人道的なのは、どっちだったか。で、日本に原爆を落として、東京を〝丸焼き〟にしてだなあ、その結果ねえ、「よい未来」が来たんかどうかなあ、よう考えてもらいたいんだ。日本人自体は、その後、戦後、頑張ったけどもね。だけど、卑屈《ひくつ》になって頑張ったところはあるわなあ。で、〝神様を追い出した〟わなあ。

アメリカ的な実用主義か何かは知らんが、そんな哲学と、ちゃっちい物質主義みたいなのにまみれてな。物質や欲望にまみれた主義にまみれてなあ。現代の中国と同じようなもんだわなあ。そういうものにまみれて、「発展・繁栄した」と言うとるけど、その心は失われたわなあ。

だから、明治維新以降、日本がつくろうとしてきたものの何かが失われたよな。これは、やっぱり、気づいてほしいわなあ。

里村　はい。

日本人が謝っているだけでは「神々は浮かばれない」

神霊　それで、「向こうが正しく、こちらが間違ってる。こういうことは二度といたしません」っていうの？

里村　はい。

神霊　日本人が謝ってるだけだったらなあ、神々は浮かばれませんよ。
例えば、靖国問題《やすくにもんだい》もあるけどさ、あれも、靖国には首相も行けず、天皇陛下も参拝できず、それなのに、海外にはさあ、一生懸命、何か「慰霊の旅」で、〝変なところ〟に行っては、もうペコペコ謝ってきたりさあ。
震災があったら、総理も天皇陛下も、もう福島だ、岩手だと、ひょこひょこと行っては、「お見舞い」と称して訪問ばかりしとるけど、宗教的にはそういうもんじゃないだろうが。そういうところが分かってもらえないかなあ。

斎藤　そのように「ひょこひょこ行かない」というのであれば、宗教的には、「天皇のあり方」や「総理大臣・首相のあり方」というのは、どのようにあるべきなのでしょうか。

神霊　いや、もうちょっとさあ、〝ちゃんと〟しなさいよ、〝ちゃんと〟なあ。だから、どうして靖国は駄目《だめ》で、日本武道館だかどこだか知らんが……。

里村　はい、そうです。武道館です。

神霊　そんなところで、菊とか花をいっぱい飾ってやるのはいいわけ？　そして、その総理なり、天皇陛下なんかが慰霊をやってるのを宗教的行為でないとするなら、もう何の意味もないことだからなあ。これは、形式上の問題だけだからな。

だから、もし、その宗教的な意味合いが、「遺《のこ》された遺族の気持ちを慰撫《いぶ》するためだけにやっとる」っていう程度のものだったらさあ、宗教を極めて低く見とるわなあ。うーん。

里村　ある意味で、利用しているところも……。

神霊　まあ、利用もしてる。そりゃあねえ、「遺族の会」の票を集めようとしてるだけだろうが、なあ。

里村　はい。

4 「安倍談話」に対する神々の怒りとは

「安倍政権にちょっとは期待をかけたところもあったが……」

神霊　ちょっとねえ、神々にも、意見もあれば言論もあるわけよ。だからさ、去年（二〇一五年）の、まあ、「安倍氏」と言おうかな。安倍氏の「戦後七十年談話」がなあ。あれは、もう怒り心頭《しんとう》だな。

里村　ああ、怒り心頭でございますか。

神霊　ええ。

まあ、さっき、（大川隆法）総裁が言ったことには出てこなかったんだけど、「七十年談話」で、また謝罪しよったなあ、あいつは、ほんとに！　今回だけは、そろそろ区切りをつけてもらわないかんと。「自分は謝るけど、これから先の子孫は謝る必要はない」みたいな言い方で、（舌打ち）あれじゃあ、まったくねえ……。

われわれは、最初は安倍政権にちょっとは期待をかけたところもあるんだけどな。まあ、菅政権みたいな、あんな民主党政権に比べりゃ、よっぽどましだとは思うたんだが、「結局、こんなんか」と。

まあ、マスコミに負けてると言やあ、そのとおりなんだろうけどもさあ。マスコミというよりは、中国や韓国、歴史音痴《おんち》のアメリカの支配層だろうな。だから、原爆を落としたことを謝らないやつら、日本の東京を焼夷弾《しょういだん》で焼きまくって反省しないやつら、ベトナムを焼きまくって反省しないやつらのな、同じ神経そのものだろうが。（舌打ち）まあ、情けなかったわなあ。

里村　「七十年談話」の発表の段階で……。

神霊　もう辞《や》めてほしかったなあ。

里村　ああ……、そうでございますか。

神霊　安倍は、あれで辞めてほしかった。それなのに、またぞろ長生きしようとして……。

まあ、「長生き」って、殺すつもりじゃないけど、政権が〝延命〟してだな、まだゴソゴソゴソゴソやろうとして、もう姑息《こそく》だわなあ。

慰安婦《いあんふ》問題に関する「日韓合意」に対する「腹立ち」

里村　昨年末には「日韓合意」というかたちで、「慰安婦《いあんふ》問題」の幕引《まくひ》きをしました。

神霊　あれも腹立ったねえ。あれは、どこを噴火させるか、どこに地震起こすか、もうほんまに苛立《いらだ》っちゃって、もう、なあ。日本地図を広げて、「碁石《ごいし》をどこに打つか」みたいな、ちょっとやっとるんだがなあ。

里村　ええ。「七十年談話」によって、ある意味で、日本民族に原罪《げんざい》というものを負《お》わせてしまったかのような感じがあるのですけれども……。

神霊　ああ、あれはもうがっかりだわなあ。あんな談話が出るようじゃ、そんな、憲法改正なんかはできるわけもないわなあ。

里村　はい。そうしますと、あの七十年談話からの姿勢に、ずっとお怒りであられたわけですね。やはり、ケリー米国務長官が広島の平和記念公園に訪問したときも、日本政府のほうが、「これは謝罪というものではないんだ」と、お膳立《ぜんだ》てを、一生懸命にやっているかのように見えました。

神霊　くだらないなあ。

5　田母神《たもがみ》氏逮捕は「姑息《こそく》なやり方」

「北朝鮮のミサイル発射」と「田母神氏逮捕」との関係は？

神霊　それとさあ、昨日の田母神かあ？　航空幕僚長《ばくりょうちょう》？　ミサイル部隊の長の逮捕とかいうの。で、今日はムスダン発射かあ。北朝鮮はミサイルを撃って撃ってしてるじゃやないの。

だから、一月から「警告」をまたずいぶんしてるんだけどさあ。

里村　はい、そうです。

神霊　もう核実験はするわ、ミサイルは撃って撃ってしてるんだけどさあ、とにかく神経が通ってない、なんか〝植物人間〟の状態でさ、この国は反応しないじゃないか。「国際社会と連携して経済的制裁を強める」とか、そんなことばっかり言ってる。これはあかんね。もう、これは駄目だな。ああ。

里村　これは、私たちには見えない部分があるので、お伺いしたいのですけれども、そういう日本の防衛にかかわる、あるいは、かかわった重要な方は、特に北朝鮮のミサイル発射と、どういう関係があるのでしょうか。

実は、もう十年前になりますけれども、よりによって、「北朝鮮がノドンのミサイルを発射した」のと「日本の国税当局が、日本の防衛庁を強制捜査した」というのが重なったことがございました。あのときも、「日本が大変なときに、なぜこういうことをするんだ」と、私どもも疑問に思った記憶がございます。このあたりについては、どういうかかわりがあるのでしょうか。

神霊　いやあ、姑息《こそく》なやつがおるんだと思うんだよ。ああいうのは、政権中枢部《ちゅうすうぶ》が知らんわけはありませんからね。だから、何かガス抜き、左翼対策？　左翼に媚《こび》を売って、票田《ひょうでん》を確保しようとする運動と一緒になって、スケープゴート（生贄《いけにえ》）を探すんだろうねえ。

里村　そうですか……。

神霊　自民党も今は大量のスキャンダルがいっぱい出ておるでなあ。野党のほうのスキャンダルも多いしさあ。ほかの人に何か注目を持っていきたい気持ちがあるから、そういう姑息なことを考えてるやつがいるんだろうねえ。

斎藤　つまり、「スケープゴートによって、その目をそらし、視線をそらせて、さらに、左翼の票の取り込みを図《はか》る」という〝裏技《うらわざ》〟を使っている方がいるということとですか。

神霊　まあ、そういうふうに考える、浅知恵《あさぢえ》の人間が多いんじゃないかな。

里村　政府、あるいは与党の内側に、落選した一民間人を逮捕する事案というのが、最近……。

神霊　いやあ、それはやっぱりねえ、あっちが大きいんじゃないの？　「航空幕僚長で、ミサイル部隊のほうをやっとった」っていうんなら。

里村　はい。そうです。

神霊　だから、この次、安倍政権がやらないといかんのは、主としてそのミサイル防衛でしょう？

里村　はい。

神霊　だから、北朝鮮に対してどうするのか、中国に対してどうするのか、具体的にやらないといかんわけだけど、それがタカ派に見えると票が減る可能性があるので。選挙が近いんだろうよ。

だから、それを煙《けむ》に巻《ま》いて、左翼系っていうか、まあ、「民進党」か？　今は。また、しょうもない「維新」が分裂して、民主党と合併《がっぺい》して、それで野党もまた団結してやろうとかしてるけど、もう両方駄目だよ、これ。本当にねえ。

里村　はい。

神霊　左翼のほうの論陣を多少弱めようとして、こういう姑息なことをやっとるんだろう。

これ（田母神氏逮捕）は、法務大臣が指揮してるのは確実ですから。法務大臣が指揮して逮捕してる以上、総理大臣が知らんわけはないので、閣議で了承《りょうしょう》されてるはずです。だから、知っててやって、「これを北朝鮮がミサイルを撃つ前の日にやる」っていう、これは、どういう〝媚《こび》の売り方〟なんだ？

里村　ええ。しかも、このミサイル発射が〝抜き打ち〟ならともかく、もう「撃つぞ」という情報はすでにたくさん出ていたにもかかわらずです。

神霊　そう、そう、そう。まるで航空自衛隊の士気を萎《な》えさせたいように見えるわなあ。

里村　ああ……。

神霊　そして、翌日はねえ、航空自衛隊じゃないけども、熊本に自衛隊出動で、今、救済《きゅうさい》に入っとるわけよ。なあ?

里村　はい。

神霊　「自衛隊を〝土方《どかた》〟としてなら認めるけども、それ以外には見えないように、なるべくしたい」っていうところかなあ。「あとは秘密にしておきたい」っていうところで、「外向きには左翼が伸びないように、こういう世論を消しておきたい。マスコミを黙らせておきたい」っていうところかなあ。

自民党政権に「驕《おご》り」が出てきた

里村　先ほど、安倍氏のなかのほうに、「〝濁っている〟部分、不純な部分がある」とおっしゃいました。

そうすると、今のお話をお伺いしますと、もう全部、「選挙対策」というか、「延命策」という……。

神霊　だから、もう、神を〝消して〟ね、人間だけの票の数が正義、要するに、「どんなかたちであろうと、かき集めれば正義、勝った者が正義」っていう感じだな。

驕《おご》りは、もう出てきたわなあ。この前、民主党政権に、三代、やられたところだろうになあ。もうあっという間に、舌の根も乾かないうちに、本性《ほんしょう》が露《あら》わに出てきて。かつての自民党の一党独裁型のやつが出てきてるわなあ。

里村　はい。

神霊　一党独裁でも、国をどんどん前進させていくならいいけどさあ。結局ねえ、左翼化していって、左翼の票を取りに入って、一緒になっていくんだったら、こんなものは意味ないわな。こんな二大政党制なんか、まったく意味ないわ。

「明治維新の精神」に照らして、姑息なやり方が好きではない

里村　最近、私どもは、こうして霊人のみなさまからお話をお伺いするなかに、何人かの方から、「安倍政権は延命策として、いわゆる左のほうの取り込みに入ってるんだ」というご指摘《してき》を頂いていますけれども、そうすると、やはり、同じようにご覧になっているわけですね。

神霊　うん。まあ、麻生なんかも姑息なことをやっとる感じがするけどね。何か長年やると、タヌキ・キツネみたいに、手練手管《てれんてくだ》を使うようにはなってくるんだなあ。あのへんが、この政治の裏表……。何と言うか、表向きの言葉を並べて、本心を隠して、やるやり方ねえ、「うまく隠したやつ、芸達者なら票が入る」みたいな、こういうものは好かんなあ！

里村　ああ……。

神霊　やっぱり、「明治維新の精神」に照らして、好きでないなあ。

里村　「明治維新の精神」に照らして？

神霊　うーん。こんな国をつくろうとしたわけではないんじゃないかなあ。

里村　ああ……。「あなた様ご自身が」ということですね？

神霊　いやあ、みんなさ。

里村　みんなで？

神霊　うーん。

里村　ほう……。

6 「明治維新の精神」とは何だったのか

「黄色人種《おうしょく》は世界の一等国《いっとうこく》になる権利はない」という時代だった

斎藤　いったい、明治維新では、どんな国をつくろうと、神々は構想されていたのでしょうか。その「原点」を教えていただきたいと思います。

神霊　それは、「世界の一等国《いっとうこく》」を、まっしぐらにつくるつもりで……。

斎藤　日本を「世界の一等国」にするというおつもりで……。

神霊　うん。

だから、中国なんか、「ヨーロッパの植民地」だよなあ。今やってるフィリピンだって、あのへんのベトナムだって、インドネシアだって、みんな取られとったわけよ、ヨーロッパにな。だけど、アメリカは、植民地を取るのが遅くなってなあ。ハワイと、グアム、フィリピンは取ってたけどね、遅くなったから、もうちょっとほんとは拡大したかったとこだわなあ。

里村　はい。

神霊　この、「ヨーロッパの植民地」は、ずーっと続いとったし、アメリカも出てきてフィリピンまで取って、次は中国も取りたかったのさ、ほんとはさあ。
それだのに、「日本が先に手を出した」というので、「嫉妬した」っていうのが、先の大戦の意味だわな、ほんとはな。

その前は、「三国干渉《さんごくかんしょう》」もあったわなあ、ヨーロッパの諸国の。

里村　はい。

神霊　日本が中国に勝ったけど、「中国の植民地を取るのはヨーロッパ人」みたいな、「顔色が〝白人〟になってからやれ。おまえら黄色人種に、そんな権利はない」というねえ。「黄色人種が一等国になる権利はない」っていうようなことで、返還を求めたりしたわなあ。

里村　はい、そうです。

神霊　だから、日本が白人国であれば、樺太《からふと》だって、中国の一部だって、台湾だって、もう日本のままだよな。そのままですよ。

里村　ええ。

神霊　そうしたら、先の第二次大戦の構図も、だいぶ変わってるわなあ。日本の領土は、いっぱいあったわけだから。

シベリアの、あの何十万人もの抑留《よくりゅう》もなかったし、「中国侵略」だの言われる必要もない部分もある。満州《まんしゅう》もあったしねえ。

それから、朝鮮半島？　これはほんと、トラブルばっかり起こしとる国でねえ。国際社会から非難されなきゃいけない国であるにもかかわらずさあ、こんなとこで、「北」は暴走して、ミサイルを発狂したように撃っているし。「南」からは、国連事務総長が出たりしては、もう、偏向したことをコチョコチョといじっとるみたいな感じだわなあ。

里村　はい。

神霊　もう、中国を見ろよ。南沙《なんさ》諸島、西沙《せいさ》諸島等を取って陣地《じんち》をつくってなあ、飛行場をつくって、ミサイル基地をつくって、それで、「固有の領土だ」と言ってるんだよな。

あれなら、ほんと、尖閣だって沖縄だって取れるだろうよ。「固有の領土」と言ったら、自分のものにできるんだったらな。

里村　ええ。

「これ以上、日本の神々を貶《おとし》める政権を許す気はない」

神霊　やはりなあ、これは歴史の清算《せいさん》は要《い》るんじゃないかなあ。

もう、私らは、これ以上、何て言うかなあ、日本の神々を貶《おとし》めるような政権は、いかなる政党であれ、許す気はないんだ。

里村 「それは、明治の建国、あるいは開国の冒瀆《ぼうとく》に当たる」ともお考えでいらっしゃるのでしょうか。

神霊 まあ、明治維新前の幕末にも、地震はたくさんありました。地震を起こして、幕府に警告をいっぱい出したんだけどな。まあ、結局潰《つぶ》れたけど。

里村 はい。

神霊 一緒だよ、今も。

幕府も借金財政で、それから、政治はダッチロールして右往左往《うおうさおう》してさ。まあ、諸藩を攻めてみたり、攻め返されたり、ずいぶんいいかげんなことをやっとったけどもさ。

そういう、幕府が長州《ちょうしゅう》攻めしたり、長州に攻め返されたりしたようなのが、今のこの政権交代や、そんなものに代わっとんだろうけどさあ。

里村　うーん。

神霊　まあ、だいたい、天上界の意志は、ほぼ固まってるよ。「許しがたい」っていうところは、もう、ほぼ固まってるなあ。

里村　ほお。

7　熊本地震で発した「警告」の真意とは

「『国民の借金』ではなく、『自民党の借金』と言え」

里村　「許しがたい」ということでしたが、今の流れで言いますと、安倍首相が、延命を図った上で、その流れのなかで、「衆参同日選をやる」という話も非常によく出ています。こういう一つひとつのことが、やはり、お憤《いきどお》りの種でいらっしゃいますか。

神霊　だから、財政赤字だって、君らが言ってるとおり、自民党政権が長年、政権を取り続けるために、税金をばら撒《ま》いてつくったもんだわな。

そりゃあ、自己責任じゃないか。「国民の借金」なんて言うなよ。なあ？　「自民党の借金」と言えよ。

里村　ああー、なるほど。

神霊　だから、「一千兆円以上借金をつくった自民党でございます」と言って、選挙でちゃんと演説しろよ。

斎藤　二十七年前に消費税を導入してから、政府の借金が百兆円が一千兆円になったわけですが、ある霊人によると、「日銀の黒田総裁のせいにして逃げるんじゃないか」と（二〇一六年三月十日収録「福田赳夫の霊言」参照）。「『彼は、アジア開発銀行をやっているのと同じような気持ちで金をばら撒いとるんだ』ということで、黒田総裁のせいにして、安倍首相は『私は聞いただけです』という感じになるのではないか」と言うような霊人も一部にいらっしゃいますけれども……。

神霊　とぼけとるでなあ、上はねえ。「知らん」と、他人事《ひとごと》みたいに言うからさあ。消費税を見直すときも、「リーマン・ショックや東日本大震災みたいなものがあったら……」みたいなことで、もう、他人事やな。

里村　そうですね。

神霊　もう、アメリカの恐慌《きょうこう》になりそうな、あれだってさ、「百年に一度の金融災害だ」とか何かさあ、適当なこと言うとったけどなあ。

里村　はい。

神霊　それから、「東日本（大震災）みたいなのがあったら」とか、まあ、こう、他人事みたいだから、「何か起こしてほしいんかい」って、やっぱり思うわなあ。うん。

里村　はあ……。もう、本当に受け身で……。

神霊　自分たちの判断ができていない。

里村　「日本を富ませよう、豊かにしよう」というものが、何も発信されていません。

マスコミが「神の代理人」を任ずるのは「片腹痛《かたはらいた》い」

神霊　うーん。だけど、やっぱり、マスコミが〝神の代理人〟を任ずるのは、ちょっとなあ、片腹痛《かたはらいた》いっていうかな。まあ、〝戦後の神〟を名乗ってたんかもしらんけどな、もしかしたらなあ。民衆の上にあるものが神だとするならね、神だったかもしれないけども。

里村　そうですね。

神霊　八百万《やおよろず》の神の代わりで、〝八百万のマスコミ〟がやっとったんかもしらんけどな。それ、全部が間違っとるとは、さすがに言わんけどさあ。

里村　はい。

神霊　それにしてもだよ。日本を正しく導いたのかどうか、いや、大いに疑問はあるなあ。

「アメリカは同盟国として何をしているのか」

里村　もう一点、昨日（四月十四日）から起きていることとしては、北朝鮮のミサイルのことですが、本日、朝、「中距離弾道ミサイルのムスダンを発射したが、失敗した」という第一報が入っています。このあと、また発射するかもしれませんけれども、このミサイル発射そのものとのかかわりというのはいかがでございましょうか？

神霊　いや、許しがたい。

里村　ほお。

神霊　だから、まあ、一月の「水爆実験」と称するものからあと、いっぱいミサイルを撃っているでしょう？

里村　はい。

神霊　アメリカっていう国は、同盟国として、これ、何してるわけ？　選挙ばっかりやってるんだな、大統領選ばかりやってるけど。もう、本当に無能な大統領がいてなあ、何もせんで。

「ムスダンを発射する」ってなったら、アメリカも、ちゃーんとそれ、持っとるだろうに、怖いのか？　上空から攻撃できるんでしょう？　もう、そんなの、ピンポイントで。移動式ミサイルか何か知らんけどさあ、今はもう、テロリストたちの集合場所までミサイルで攻撃できるんでしょう？

里村　はい。

神霊　それで、二、三千メートルぐらいのところから、人が数人集まってるところまでミサイルを撃って、ぶっ飛ばせるぐらいの。

里村　やっています。無人《むじん》の攻撃をやっています。

神霊　うん、やれるんだろう？　そんなもん、できんわけないじゃない、もうねえ。なんでやらないのよ。

里村　なるほど。

神霊　別に、ムスダンだけ破壊すりゃあいいんだろう？　やったらいいんだ！　そんなのねえ、（北朝鮮が）撃とうとするなら、その前に破壊しなさいよ。それもしないっていうなら、もう、アメリカも駄目だ！

里村　ええ。

神霊　もう、そんなのね、まったくこれ、駄目だ。機能してないよなあ。ああ、それについてねえ、やっぱり、「アメリカ、ちゃんとやれ」と、日本の首相は言えよ。

里村　はい。

神霊　こんなのなあ、「脅威《きょうい》にさらされているんです」って。「おたくまでは来ないと思って、（アメリカは）安心しているのかもしらんけども、（日本は）脅威にさらされているんですよ。こちらに、いつ飛んでくるか分からないんですから」って。

里村　ええ。

熊本地震の被害は「通常ミサイルによる被害」に相当する？

神霊　だから、熊本の今回の被害ぐらいはね、ちょうど、核ではないぐらいのミサイルが飛んできて当たったら、起きるぐらいの被害よ。

里村　ああ、ああ。

神霊　その程度のもんだよなあ。

里村　はあ、なるほど。

神霊　起きたらこんな感じになるんですけど。

里村　はい、確かにそうですね。

斎藤　これは、もしかして、神々の世界では、一つの想定、シミュレーションとして、「もし、弾道ミサイルのような科学技術を使われたら、このようになる」ということを知らしめているというか、警告しているということですか。

神霊　そう、そうそう。まあ、「核は入っていなくても、ミサイルが飛んできたら、こんな感じですよ。お見せしたら、このくらいですよ」と。

里村　なるほど。これを見たら分かる、と。

確かに、何によるものかと聞いていなかったら、地震による被害ともミサイルによる被害とも判断がつきません。

神霊　うん。

神様を信じないで「自我が暴走する」ことの罪とは

斎藤　今回、すでに九名ほどお亡くなりになっていて、また、負傷者九百名ですか。本当にご冥福《めいふく》をお祈りしておりますし、こうしたことが起きるのは申し訳ない気持ちにもなるのですけれども……。

神霊　申し訳なくないよ。全員死ぬから、いずれ。

斎藤　ええ!?

神霊　別に構わんのだ、わしらは。

斎藤　ちょちょちょ、ちょっと、え？　「全員死ぬ」って、え？

神霊　うん。ああ、わしらは別に構わない。あの世の世界が「本当の世界」で、この世は「仮の世界」で、魂修行《たましいしゅぎょう》のために、みんな（人類《じんるい》を地上に）出してるんだからさ。

里村　はい。

神霊　だから、魂修行が間違ってたら、〝人類消去《しょうきょ》〟も、まあ、選択肢《せんたくし》の一つだからね、われわれはね。そう思ってるから、うん。

里村　それは、要するに、「民主主義の時代」と言えば言うほど、共に持っているカルマ（共業《ぐうごう》）ですか。

神霊　責任がもっと重いだろうよ、なあ？　神様を信じないで、自分らの自我で暴走しとるんだろう？

里村　はい。

神霊　自我の暴走で、「人間の連帯だけで全部できる」と思うとるんなら、共産主義国も自由主義国も一緒だろう、なあ？

里村　はい。

神霊　責任は生じるだろうよ。だから、われわれが許した「地球での、地上での肉体生命の修行目的」に反する方向に行くんだったら、それはねえ、何かが起きますよ。

韓国の総選挙で与党が惨敗《ざんぱい》したことへの見解

里村　今、北朝鮮のミサイルのお話をされていましたけれども、時あたかも、韓国では総選挙が行われて、北朝鮮がミサイルを撃とうとしても、政治がぐじゃぐじゃになっています。

神霊　まあ、あそこもひどいからね。いずれにしても駄目なんだけどねえ。与党も野党も駄目なんだけど、あの大統領もひどい大統領だからなあ、本当に。

里村　本当に、「選挙の女王」などと言われながらも、今回、惨敗《ざんぱい》いたしました。

神霊　もう駄目だねえ。

8 「原子力」に対する神々の見解

「国としての存立《そんりつ》の基盤を揺るがされてはならない」

里村　もう一点、冒頭の大川隆法総裁のご解説のなかに、「原発との絡《から》み」というものがございました。もし、ご意見をお伺いできましたら……。

神霊　日本なんかねえ、断層の山なんで、断層だらけなんだからさあ。そんなものは言っとったってしょうがないのよ。

「四十万年前とかに、この断層が動いた形跡《けいせき》がある」とか何だか言ってるけどさあ、そんなの言ってたらキリがないよ（笑）。もうそんなのねえ、人類なんか、何度でも〝つくり直し〟してるんだからさあ。

そんなこと言ってないで、「今、そこにある危機」をよく知ったほうがいいよ。国としてのねえ、自立と存立《そんりつ》、繁栄の基盤をねえ、やっぱり、揺るがされてはならないよ。

そんなの、中国なんかも原発をいっぱいつくり続けてる状況のなかでね、なんで日本が廃止しなきゃいけないわけよ。ね？　〝自ら手足を縛《しば》ろう〟としてるじゃない。

エネルギー政策的にもなあ、原子力を否定しようとしてるし、もちろん、この延長上には、まあ、原子力兵器、核兵器等の製造ができないようにしようとしているわけでしょう？　とにかく、「そういうものがあるのは危険だ、危険だ」って。

里村　はい。

神霊　いや、まあ、世界全部がそう言うなら、まだ分かるよ。だけどさあ、悪質な国がどんどんそれを増やしとってさあ、そして、先に罪人の名をかけられた日本やドイツとかばかり、そういうことをしてるっていうのは、やっぱり、そろそろ考え直さないかん。本当にねえ。

「私たちが、ウランも石炭も石油もつくった」

斎藤　今、神意をお伺いしているときに、ふと強く思ったのですが、この神様の世界のなかで、その神意のなかで、「科学技術の先端性《せんたんせい》のある原発のエネルギーの利用というものは、肯定的《こうていてき》にやってもよい」ということを、今、おっしゃったようにも思いましたけれども……。

神霊　もともと、私たちがウランなんかもつくったもんだからね。

斎藤　はっ、ウランをつくった？

神霊　うん。

里村　なるほど。鉱物資源《こうぶつしげん》をですね？

斎藤　鉱物資源を……。

神霊　うーん。それは石炭もつくったし、石油もつくったし、ウランもつくってるのよ。

斎藤　えっ？　ということは、人類の魂修行のために、そうした資源等もおつくりになって……。

神霊　そう。全部つくった。

斎藤　ある意味で、それを想定されていたのですか？

神霊　うん。だから、たまたまねえ、あなた、植物が埋まって石炭になると思うか？　たまたまねえ、プランクトンの死骸《しがい》が積み重なって、石油がいっぱいできると思うか？　ええ？

斎藤　はあーっ。

神霊　たまたまダイヤモンドができると思うか？　たまたま金の塊ができると思うか？　たまたまウランの塊ができると思うか？　それはつくっとるんだよ、きちんと意志を持って！

里村　はあーっ。

斎藤　そうしますと、それはかなり、地球創世《そうせい》にかかわってくる「神仕組《かみしく》みの流れ」になりますけれども、それほど太古《たいこ》の昔からの働きということになりますが。

天雲　先ほどから、「われわれ」というようにおっしゃっているのが気になっておりまして……。

神霊　一人ではないからな。

天雲　はい。

里村　ああ。

宗教者たちが「原発反対」を訴えることの誤り

里村　「われわれ」の前に、もう一点、今の原発に関して質問させていただきます。そうすると、本当に、宗教者のなかでも、「原発は神の意志に反している」とかいうことを言う……。

神霊　もう反対してる宗教は多いよな?

里村　多いです。

神霊　だからさあ、教えのなかに何もないからな。

里村　ありません。そうしますと、これは、かなり〝とどめの一発〟〝とどめの一撃〟になりますけれども、「原発」の発明、それから開発そのものは、決して神意に反しているものではないと……。

神霊　何を言ってるのか！　「星の誕生」、「消滅」、それから「銀河系の誕生」、それに、そもそも「ブラックホール」もそうだし、「ビッグバン」とあなたがたが言っているもの、全部、これ、原子力と関係があるんだから。

斎藤　ええっ！

里村　ああー。

斎藤　原子力とも関係があるとは……。

神霊　一緒だよ。だから、巨大なエネルギーがどうして生まれるわけよ?

斎藤　ああ、エネルギーを創造するところの……。

里村　もう本当に小さなかけらから……。

神霊　よく考えてごらんよ。まあ、今の物理の理論が正しければの話だけどね。今の物理学によれば、「百三十八億年ぐらい前に、ある一点が爆発して、宇宙が急に膨張して、その間に銀河ができ、惑星がいっぱいできた」というんだろう?

里村　はい。

神霊　こんなもの、考えられるか？　まあ、君らの持ってる常識で、こんなのに類《るい》似《じ》してるものがもしあるとしたら、核爆発しかないだろう？　それをもっと巨大にしたものだろう？
　だから、これはもともと、星をつくったり消滅させたり、銀河を出したり消したり、宇宙をつくる創世のための、「創造」と「破壊」のためのエネルギーとして存在するものの、一表現形態なんだ。

里村　はあー。

斎藤　ああー……。

神霊　まあ、これが鉱物として現れればウランとして、今、地球では現れてはいるけどね。

里村　はい。

「ダイナマイトの発明は間違いなのか」

里村　重要な問題ですので、重ねてお伺いしますけれども、そうすると、宗教だけではなくて、環境左翼といわれる人たち、あるいは、日本のそういう系統の新聞には、原発を、「プロメテウスの火」、つまり、「人類が手にしてはいけないものだったのだ」と言う人たちがいますけれども、「それは間違っている」と理解してよろしいわけですね？

神霊　だから、同じことで言うなら、そらあ、〝あれ〟じゃないか。「ノーベルがダイナマイトを発明した」というのだって、間違いなんじゃないの？

斎藤　確かに、ただの爆発物として見るか、それを創造的作用としてつなげるかでは違います。

神霊　（もし爆発だけなら）ダイナマイトは間違いなんじゃないの？　「おかげで戦争が始まって、人が大勢死んだ」って言えば、そういう理論を立てれば一緒でしょ。

里村　ええ。

神霊　だけど、なくせないでしょ？

里村　はい。

神霊　それのおかげで、工事ができ、いろんな近代化が進んでいるんでしょうから。

山を切り崩《くず》すのだって、な？　トンネルを開けるのだって、ダイナマイトがなかったら、人力《じんりき》でやったら、たくさんの人が死んで大変だったでしょ？

里村　はい。

神霊　だから、それを「善用するかどうかの問題」ではあるわなあ。もちろん、ダイナマイトを、東京のど真ん中で、マンションを爆破するために使えば、犯罪になるわな。だけど、地下鉄をくり抜くために使えば、「善用されること」になるわなあ。

まあ、そのへんの智慧《ちえ》が、あなたがたにも試されてるわけだよなあ。

里村　なるほど。

神霊　ダイナマイトは、人間がつくったもんではあるけれども、それ以前に、地球の鉱物資源のなかには、「貴金属《ききんぞく》」として価値のあるものや、鉄でさえへこませられるような「ダイヤモンド」みたいに硬度《こうど》が高いものもあれば、「天然ガス」もあれば、「石油」や「石炭」も、それから、こういう「ウラン」もあったりするし、まだ「未知のエネルギー体」もあるよ。

里村　おお。

神霊　これから出てくるものがあるだろうけどね。まあ、いずれ、全部勉強してもらわないといかんもんだなあ。

里村　はあ。

9　熊本地震に関係する神々とは？

なぜ、熊本で大地震が起きたのか

斎藤　今のお話を聞くと、神の願われている神意というものからは、「日本神道系的な古い感じ」よりも、「未来文明と一緒になっているような世界観」が感じられますけれども……。

神霊　君らがさ、いくらあがいてさあ、例えば、「五十億年後に、地球がブラックホール化するのをやめたい」と言ったって、するときはするんだよ。止められないよ。

里村　先ほど、天雲から、「われわれとおっしゃっている」という話が出ましたし、その前に、明治維新時に、「こんな国をつくるつもりじゃなかった」という言葉も頂きました。

一時間近くにわたってお話を伺ってきましたけれども、私たちが、今、お言葉を聞かせていただいている方は、どなたになるのでしょうか。現代人に警告を与える上でも、「どなたでいらっしゃるのか」ということをお聞かせいただきたいのですが。

神霊　まあ、「日本を足場とする神々の集まり」だな。

里村　日本が足場ですか。そうすると、やはり、今回、熊本で地震が起きたり、阿蘇山の噴火があったりしましたが、まあ、気象庁は、「今回は、阿蘇山の噴火は関係ない」と言っていますけれども……。

神霊　さあ、どうかな。

里村　「どうかな」？

神霊　分からないよ。

里村　では、「熊本の地で、こういうことが起きている」ということを考えると、やはり、九州、そうした、日本の神々の磁場《じば》に近いほうで……。

神霊　まあ、沖縄もあるしね。朝鮮半島もあるし、中国もありますからね。

里村　はい。

神霊　まあ、意識としては、こちらのほう（九州方面）に意識を集中してもらわないといけないところでしょうかねえ。

斎藤　やはり、天変地異の起きる場所というのは、「警告の目的」に合わせた場所を選ばれ、起こして警告しているのですか。そういうかたちの「神仕組み」、「計画」なのでしょうか。

神霊　これで分からなきゃ、山口県、やるよ。

斎藤　山口ですか。

里村　ええ？　山口県ですか。

神霊　うん。

里村　はああ。比較的、自然災害が少ないイメージがある場所ですけれども。

斎藤　大川総裁の最初のご解説にもあったのですが、過去、震度7の地震は、「阪神・淡路大震災」、「新潟県中越地震」、「三・一一の東日本大震災」と三回ありました。

今回は四回目で、熊本ということでしたが、それぞれ場所が違います。やはり、これには、何か強いご意図があるということですね？

神霊　熊本はだね、まあ、宮崎と共にだけれども、「日本神道の発祥《はっしょう》の地」と言われてるところだからね。

里村　はい。

神霊　『古事記』の世界は、おそらくは宮崎あたりが中心だろうけど、山に登ってから下りたところの熊本の平野《へいや》、阿蘇に近いところあたりは、古代の大きな王朝《おうちょう》があったところで、ここは天御中主神《あめのみなかぬしのかみ》の墓もあるところではあるからね。

里村　ええ、天御中主神様のお墓があります。

神霊　だから、起きてるところから見りゃあね、「その古代の王朝にかかわった者たち」であることぐらいは、分かるとは思うがな。
ただ、その古代の王朝にかかわった者は、単なる「民族神《みんぞくしん》」ではなくて、「世界神と連動している者」であるということだな。

里村　ええ、ええ。しかも、今日のお話ですと、ある部分で、「創造主《そうぞうしゅ》」ともつながっておられるかのような感じがございました。

神霊　だからなあ、こんなのは〝小さい〟んだよ。もっともっと、われわれはだねえ、まあ、「星の転生輪廻」も司《つかさど》っとるし、それ以外にも、「銀河の転生輪廻」、それから「宇宙での正義の確立」までかかわっておる者であるのでね。
　だから、「この銀河系をどうするか」まで考えている者たちであるので。
　「われわれは、国のつくり直しぐらいはする」

里村　はあ……。

そうした世界観、スケール感から見ますと、少し小さくなりますが、たまたまというか、偶然《ぐうぜん》はないんですけれども、「今の、この嘘《うそ》の政治はもうやめよう」ということを訴えている幸福実現党という政党が、熊本県で、昨日の午後、党首と熊本の参院選立候補予定の者とで、記者会見を行いました。

神霊　うーん。

里村　こういうものとのかかわりとかは、何かございますでしょうか。

神霊　まあ、幸福実現党が（地震を）起こしてるように言われるのは、ちょっと不《ふ》本意《ほんい》であるから。

里村　はい、もちろんです。

神霊　そういう言い方は、してはならんとは思うけどねえ。

里村　はい。

神霊　いやあ、「神意」によって、二〇〇九年に、君たちは立党をなされたんだろう？　七年たつわけだな？

まあ、ようやく、一部理解されつつはあるけれども。うーん、国民を啓蒙《けいもう》するどころかだなあ、宗教団体の幸福の科学の信者のほうがさ、マスコミとかに洗脳されたりしてる。あるいは、ほかの政治団体等の地盤の強さに、自分たちの無力感を感じたりして、信仰が薄《うす》らぐようなことさえ起きておるわなあ。

これは、われらの意図《いと》に反することであるので。「もう、いいかげんにせんか」ということであるわなあ。

われわれは、気が済まなかったら、「国のつくり直し」ぐらいはするので。

里村　「選挙によって、つくり直せなかったら」ということですよね？

神霊　もう、国そのものをつくり直ししますからね。

里村　はい。

斎藤　つまり、「銀河」から始まり、「世界神《しん》」となり、「日本建国の精神」となって、そして今、その思いは一点に集中され、幸福実現党にその意を託《たく》している。そういう「大きな構図」のなかにいらっしゃるということですか。

神霊　だからね、「世界精神」がね、今は日本に来ているんだよ。な？

その「世界精神」が自己実現しようとしているのをね、逆風をかけている者たちに対しては、私たちは「許す気はない」ということだなあ。

里村　なるほど。

「日本のミサイル防衛構想が言えなきゃ、政府をやめろ」

神霊　だから、君ら人間たちが思ってる常識っていうのは、そんなもんなんだろうけど、戦後の常識なるもの？　これを、例えば、「二百六十五年続いた幕府が潰《つぶ》れるわけがない」っていうのと、「わずか数十年続いた〝自民党幕府〟が潰れるわけがない」っていうのとでは、まあ、こちらのほうがまだ〝軽い〟わなあ。ほんとは。そんな常識になるには、ちょっと早すぎるし。

戦後体制？「戦後の平和は、日本やドイツみたいな悪い国が、とにかくおとなしくしとれば、護《まも》れるんだ」っていう考えのなかに、間違いがある。

そのなかで、共産党勢力っていうのが世界中に広がってしまった。その間は、巨大な殺戮《さつりく》がいっぱい行われて、多くの人がほんとに殺されて、虐殺されている。その数も分からないし、その残忍《ざんにん》さも分からないままで、情報遮断《じょうほうしゃだん》されている。そういう（共産党勢力の）「悪い情報」は一方的に遮断されて、（日本などの）それほど言う必要もないようなところは、一生懸命、「悪い情報」を出して出して出して、してるわけだなあ。

まあ、ほんと、まことに、まことに、歯がゆいことであるわな。

里村　はい。

神霊　だから、やっぱり「日本の正統性を立てる」と同時にだなあ、ああいうふうに「北朝鮮が、また中距離弾道弾を撃つ」とか言ってるんだったら、昨日あたりは、「日本のミサイル防衛構想」を発表するようなタイミングなんだよ、ほんとはな。

里村　はい。

神霊　言わなきゃいけないんだよ！　それが言えなきゃ、政府やめろよ。それを言うべきときなんだよ。

「断固として対抗措置《たいこうそち》を取る。日本のほうもミサイル防衛に踏み込む」というぐらい言わなきゃ駄目なときに、元航空幕僚長を逮捕したりする。

里村　逮捕ですねえ、うーん……。

神霊　姑息《こそく》すぎる。やり方が姑息で、神々はこういう政治は好きでない。

これを伝えるは「日本の意志の神」

里村　はああ……！　本当に、すごく貴重《きちょう》なお言葉を賜《たまわ》りました。もう時間がないのですが、もし、地上に降りられたことがあれば、あるいは、地上の人間が、あなた様のお名前を呼んだことがあれば、私どもの今後のためにも、ぜひとも、お名前を教えていただきたいのですが。

神霊　いやあ、一人の考えではないので。今日は、「日本の意志の神」と……。

斎藤　「日本の意志の神」。

里村　「日本の意志」ですね？

神霊　「日本の意志」なんだ。日本という国の意志なんだ、この言っていることが。

斎藤　はい。

神霊　だから、これを聞かないんなら、伊勢志摩サミットなんかやらさんぞ。そんなものは。

里村　ああ、そうか……。

神霊　ええ？　やらさないぞ。勝手に穢《けが》すなよ、聖地を。

里村　ああ……。「利用するな」ということですね？

神霊　そう。許さんぞ。

斎藤　なるほど。

神霊　うーん。行かせないぞ、そんなの。

10 「事実上の革命が必要な時期が来た」

「自民党政権に対して、われわれはもう見放した」

斎藤　大川隆法総裁は、このたび、『世界を導く日本の正義』（幸福の科学出版刊）という本を上梓《じょうし》されまして、そこでは、国師《こくし》としての立場も踏まえて、「この国を護《まも》り、世界を導くために、その正義を実現するために、もはや、核装備の研究まで検討したほうがよい」というようなことを提言されております。

私たち、日本の国の一端《いったん》を支えさせていただこうとする者たちにとりまして、こうした戦う意志というものは、どのように持てばよろしいでしょうか。

神霊　だから、君らねえ、「右翼」なんて言われるようなことで萎縮《いしゅく》したり、批判を恐れたりしちゃあ、いけないいんだよ。

斎藤　はい。

神霊　右翼なんかじゃないんで。これは、「日本の意志」なんだよ。

里村　なるほど。

神霊　日本という国が持っている「誇り高い意志」なんだよ。

里村　はい。

神霊　だから、そういう卑怯なねえ、〝粉飾《ふんしょく》〟して逃げ回る姑息《こそく》な態度っていうのは、幕末の老中《ろうじゅう》たちの態度と一緒なんだよ、ほとんど。

里村　ああ、なるほど。

神霊　ああ。許しがたいんだよ。

里村　確かに。

神霊　だから、私は、今は「複合霊《ふくごうれい》の集合体」として意見を言っておるがね。

この意見は、天御中主《あめのみなかぬし》や天照大神《あまてらすおおみかみ》、その他、国づくりの神々の「意志の集大成」でもあるし、明治維新を起こした、維新の大霊たちの「意見の集約《しゅうやく》」でもあるんで。

去年（二〇一五年）は、戦後を清算しなければいけない年であったけど、できなかった。

里村　はい。

神霊　できなかったことにおいて、自民党政権に対しては、われわれはもう見放《みはな》した。

里村　はい。

神霊　これで大勝《たいしょう》したところで、先の国をつくれないと見えているのでね。まあ、事実上の「革命」が必要な時期は来ているわね。

まあ、こういうことを言うことによって、正論を吐《は》くことによって、万一《まんいつ》、君らが弾圧されるようなことがあるんだったら、私たちはこの国を許さない。

里村　はい。本日は、まことに大切な大切な教え、お言葉を賜りました。まことに、ありがとうございました。

「神様がいることを実感するまで、事《こと》は起きる」

神霊　ちょっとしっかりしなさいよ。なあ?

里村　はい。

神霊　だから、一部の人たち、政治家と政党? それから、一部のマスコミ組織の人たちが食べていくためだけの「政《まつりごと》」にさせてはならないんだよ。

里村　はい。

神霊　うーん。やっぱりねえ、「神様がいる」っていうことを、はっきりと実感していただきたい。実感しないなら、実感するところまで、事《こと》は起きます。

里村　はい。全身全霊をかけて、神様の下《もと》での「政」というものを実現してまいります。

神霊　うーん。

里村　本日は、まことにありがとうございました。

神霊　はい。

斎藤　ご指導まことにありがとうございました。

11 熊本地震リーディングを終えて

熊本地震は「まだ軽いジャブ」なのか

大川隆法　（手を二回叩く）誰かははっきり分かりませんが、『阿蘇山噴火リーディング』（前掲）では「地軸の神」と名乗《なの》っていたので、そういう方も入っているかもしれないけれども、それ以外のものも入っているし、明治維新を起こした者の「理念の集大成」等がまとめて入っているようです。この「神国日本をつくった勢力」と、「明治維新を起こした勢力」が合体して入っているように感じましたね。

里村　ええ。

大川隆法　これは、もうちょっと、何とかしないといけないようですね。

里村　はい。

大川隆法　当会の会員も叱《しか》られているのだとは思います。

里村　もちろんでございます。

大川隆法　これは、信仰心の薄さを叱られているのです。「どうせ、すでに与党になっているところや、先にやっているところには勝てやしない」というような投げやりな態度に対して怒っているのでしょう。

里村　はい。

大川隆法　この信仰心のなさ、「この国は、何度、そういう震災に遭《あ》えば、それが分かるのか」ということを言っているわけですね。だから、まだこんなのは、〝軽いジャブ〟なんでしょうなあ。うーん、おそらくはね。

里村　はい。

大川隆法　東京はまだ、何も襲ってませんものね。

里村　さようでございます。はい。

斎藤　何か、「場所を選びながら地上の人間に警告を与えている」というような計《はか》らいがあったのかなとは思います。

大川隆法　幸福実現党は立党から七年です。あのときも、北朝鮮のミサイルが飛んでから立党して、七年たちました。

少しは世の中も変わりましたけど、まだ動きが遅いですよね？

反対の勢力も、それなりに強くなっていますし、民進党などだって、結局、もとの社会党のようなものを復活させている感じです。「何でも反対」といったふうに、また、なってはきていますね。

この政治は、よくないようです。「両方ともよくない」ということでしょう。

「人類生存の条件」をつくらなければいけない

斎藤　「地上の肉体生命を長らえたりする前に、この地上の魂修行を超えた、もっともっと大切なものがあるんだ」という痛切《つうせつ》な叫びというか、教えを賜《たまわ》ったように思います。

大川隆法　まあ、霊言集も、もう三百八十冊ぐらいあるのかな？

斎藤　はい。ちょうどそのくらいです。三百八十冊以上になりました。

大川隆法　「そのくらい出して、まだ分からないのか」というところもあります。少し、幸福の科学出版の社長の尻《しり》も叩《たた》かなくてはいけないのかもしれませんが。

斎藤　いや、いや、いや（苦笑）。

大川隆法　「『本を出して、出版社員が何十人か食《く》っていけたら、それでいい』と思ってるんだったら、もう宇宙に連れ去るぞ」と言っているような感じですね。

里村　私ども弟子全員の心構《こころがま》えを改《あらた》めます。

斎藤　はい、たいへん申し訳ありません。これから立ち上がって、頑張ってまいります。

大川隆法　やはり、もう少し大きな影響力を持たなくてはいけないということですね。

斎藤　今、（幸福の科学の）神武《じんむ》理事長、（幸福実現党の）釈《しゃく》党首と、毎日、喉《のど》から血が出るぐらいまでパワーを出して講話《こうわ》をし続けております。

大川隆法　今回の（霊言の）意見のなかには、神武さんの（守護霊の）ものも少しは入っているのだろうとは思います。このへん（九州）は、どうも〝地盤《じばん》〟らしいので、全部とは思いませんが、一部は入っているのではないかとは思われますけれども。

斎藤　はい。

大川隆法　日本の神が、全部、祟《たた》り神になるようではいけません。やはり、〝神様との契約《けいやく》〟に何か違反《いはん》しているわけで、人類が生存《せいぞん》し、繁栄するための条件があるのでしょう。

そういう意味では、「人類生存の条件」をつくらなくてはいけません。

「神の目から見た正義」を樹立すべき時が来ている

大川隆法　また、基本的には、今、「正義」が分からなくなっているのです。「国際正義」が分からなくなっています。

要するに、どこも、「自分の国を護《まも》るための防衛は正義だ」と思っているわけです。北朝鮮だって防衛のためにやっていて、中国だって防衛のためにやっています。同じく、アメリカもやっているし、日本もやっていて、フィリピンもベトナムもやっているわけです。

どこも「防衛のため」です。イスラム国も「防衛のため」にやっているし、ヨーロッパもやっています。トルコもやっています。どこも防衛のためにやっていて、それを「正義」と言っているのです。

しかし、そうは言っても、複数の正義のなかから、「神の目から見た正義」を選び取っていかねばならないでしょう。「あるべき未来」というものがあるわけです。

これが分からなくなっていることに対して、「道筋《みちすじ》」を見せなくてはいけません（『正義の法』〔幸福の科学出版刊〕等参照）。

里村　はい。

大川隆法　われわれは、そのために存在するのでしょう。そのための活動をしているけれども、その活動が広がりません。広がらないのには、そういった既存《きぞん》の勢力が邪魔《じゃま》しているところが大きいわけです。

例えば、以前は、「維新の会」などが、「大阪に首都《しゅと》を移す」とかいうようなことで、何年間も引っ張られて、引きずり回されましたが、霊査をしたら、〝ただの人〟でした（『徹底霊査　橋下徹は宰相の器か』〔幸福実現党刊〕参照）。

里村　はい。

大川隆法　別に、偉くもない、〝ただの人〟だったのですが、マスコミは、そちらのほうに引っ張られたのです。そして結局、また分裂して、いろいろな党を立てているわけですが、そちら側ばかりを持ち上げていました。

一方、「幸福実現党」という〝救世《きゅうせい》の党〟が立っているのに、ずっと、こちらを無視してやっていたのですが、この責任も問われてきているということでしょう。

里村　はい。

大川隆法　まあ、ここまでずっと言っているから、時間的なものは分からないにしても、「明治維新で新しい時代が来た」ように、「いずれ時代が変わるときが来る」と見ています。「その時が来ている」と思っていいでしょう。

里村　はい。仏弟子《ぶつでし》一同、さらに気を引《ひ》き締《し》めて、今回の選挙に当たってまいります。

大川隆法　この意味では、釈迦《しゃか》の説いた仏教や、キリストの説いたキリスト教がありますけれども、その教祖の在世時《ざいせじ》の教えよりも、はるかに大きなものがあるように感じますね。

里村　そうでございます。

大川隆法　やはり、「世界的正義」を目指《めざ》しているように見えます。

斎藤　はい。

大川隆法　それでは以上としましょう（手を二回叩く）。

質問者一同　ありがとうございました。

あとがき

自然《しぜん》の猛威《もうい》を神の意志《いし》と結びつける考え方を、単《たん》なる「アニミズム」と思う人もあるだろう。ただ私たちは、自然の事物《じぶつ》や現象《げんしょう》を崇拝《すうはい》しているわけではない。

本当の主権《しゅけん》は神の側《がわ》にあり、民衆の側にあると考えるのは悪王《あくおう》を除《のぞ》くための擬制《ぎせい》にしかすぎないと思う。マスコミのうぬぼれと、政治家の腹黒《はらぐろ》さは、根本的な意識《いしき》改革《かいかく》を必要とするレベルに達《たっ》している。

本書でも、戦後日本人の「常識《じょうしき》」と化《か》していた考え方を、「神の正義《せいぎ》とは何か」で打ち返している。

私たちは、二〇〇九年から、「幸福実現党《こうふくじつげんとう》」を樹《う》ち立てて約七年間活動してきた。

神意による警告《けいこく》を、「政教分離《せいきょうぶんり》」というお題目《だいもく》で黙殺《もくさつ》し続けてきたことが「罪《つみ》」にあたることを、明確にしたい。

神の声を伝《つた》えている者を軽《かろ》んじてはならない。日本の未来をはっきりとデザインしたいと思う。

二〇一六年　四月十五日

幸福《こうふく》の科学《かがく》グループ創始者兼総裁《そうししゃけんそうさい》

幸福実現党総裁《こうふくじつげんとうそうさい》　大川隆法《おおかわりゅうほう》

『熊本震度7の神意と警告』大川隆法著作関連書籍

『正義の法』（幸福の科学出版刊）
『現代の正義論』（同右）
『世界を導く日本の正義』（同右）
『阿蘇山噴火リーディング――天変地異の霊的真相に迫る――』（同右）
『箱根山噴火リーディング――首都圏の噴火活動と「日本存続の条件」――』（同右）
『広島大水害と御嶽山噴火に天意はあるか』（同右）
『大震災予兆リーディング――天変地異に隠された神々の真意と日本の未来――』（同右）
『徹底霊査　橋下徹は宰相の器か』（幸福実現党刊）

熊本震度《くまもとしんど》7の神意《しんい》と警告《けいこく》

——天変地異リーディング——

2016年4月16日　初版第1刷
2016年5月17日　第3刷

著者　大《おお》川《かわ》隆《りゅう》法《ほう》

発行所　幸福の科学出版株式会社

〒107-0052 東京都港区赤坂2丁目10番14号
TEL(03)5573-7700
http://www.irhpress.co.jp/

印刷・製本　株式会社 研文社

落丁・乱丁本はおとりかえいたします

ISBN978-4-86395-787-9 C0014
写真：時事／毎日新聞社／アフロ

正義の法

法シリーズ 第22作

憎しみを超えて、愛を取れ

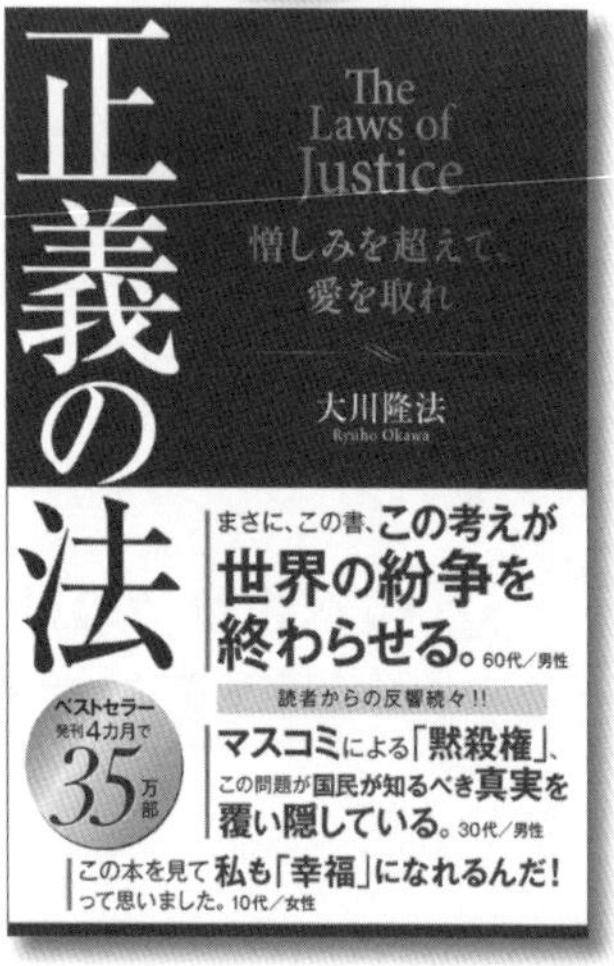

2,000円

テロ事件、中東紛争、中国の軍拡――。どうすれば世界から争いがなくなるのか。あらゆる価値観の対立を超える「正義」とは何か。
著者2000書目となる「法シリーズ」最新刊！

現代の正義論

憲法、国防、税金、そして沖縄。
――『正義の法』特別講義編

国際政治と経済に今必要な「正義」とは――。北朝鮮の水爆実験、イスラムテロ、沖縄問題、マイナス金利など、時事問題に真正面から答えた一冊。

1,500円

※表示価格は本体価格（税別）です。

大川隆法 霊言シリーズ・緊迫する東アジア情勢を読む

北朝鮮・金正恩はなぜ「水爆実験」をしたのか
緊急守護霊インタビュー

2016年の年頭を狙った理由とは? イランとの軍事連携はあるのか? そして今後の思惑とは? 北の最高指導者の本心に迫る守護霊インタビュー。

1,400円

中国と習近平に未来はあるか
反日デモの謎を解く

「反日デモ」も、「反原発・沖縄基地問題」も中国が仕組んだ日本占領への布石だった。緊迫する日中関係の未来を習近平氏守護霊に問う。【幸福実現党刊】

1,400円

緊急・守護霊インタビュー 台湾新総統 蔡英文の未来戦略

台湾新総統・蔡英文氏の守護霊が、アジアの平和と安定のために必要な「未来構想」を語る。アメリカが取るべき進路、日本が打つべき一手とは?

1,400円

※表示価格は本体価格(税別)です。

大川隆法霊言シリーズ・日本の神々は語る

天照大神《あまてらすおおみかみ》の未来記

この国と世界をどうされたいのか

日本よ、このまま滅びの未来を選ぶことなかれ。信仰心なき現代日本に、この国の主宰神・天照大神から厳しいメッセージが発せられた!

1,300円

国《くに》之《の》常立神《とこたちのかみ》・立国の精神を語る

「降伏」か、それとも「幸福」か

不信仰による「降伏」か!? それとも信仰による「幸福」か!? 『古事記』『日本書紀』に記された日本建国の神から、国民に神意が下された。

1,400円

神武天皇は実在した

初代天皇が語る日本建国の真実

神武天皇の実像と、日本文明のルーツが明らかになる。現代日本人に、自国の誇りを取り戻させるための「激励のメッセージ」!

1,400円

大川隆法シリーズ・**最新刊**

天才の復活
田中角栄の霊言

田中角栄ブームが起きるなか、ついに本人が霊言で登場! 景気回復や社会保障問題など、日本を立て直す「21 世紀版 日本列島改造論」を語る。【ＨＳ政経塾刊】

1,400 円

世界を導く日本の正義

20 年以上前から北朝鮮の危険性を指摘してきた著者が、抑止力としての日本の「核装備」を提言。日本が取るべき国防・経済の国家戦略を明示した一冊。

1,500 円

ヒトラー的視点から検証する
世界で最も危険な独裁者の見分け方

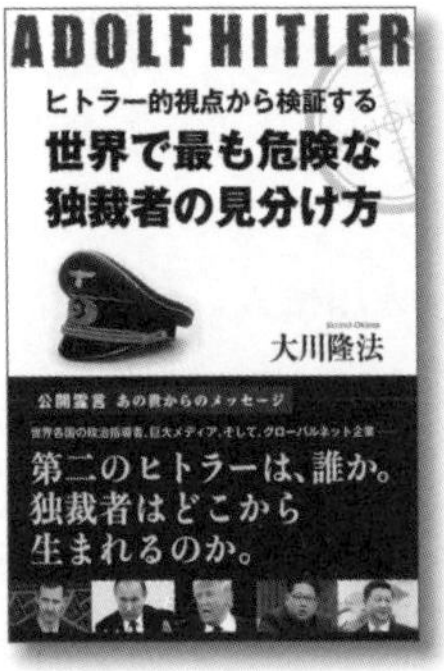

世界の指導者たちのなかに「第二のヒトラー」は存在するのか? その危険度をヒトラーの霊を通じて検証し、国際情勢をリアリスティックに分析。

1,400 円

※表示価格は本体価格(税別)です。

大川隆法シリーズ・新刊

心を練る
佐藤一斎の霊言

幕末の大儒者にして、明治維新の志士たちに影響を与えた佐藤一斎が、現代の浅薄な情報消費社会を一喝し、今の日本に必要な「志」を語る。

1,400円

手塚治虫の霊言

復活した〝マンガの神様〟、夢と未来を語る

「鉄腕アトム」「ブラック・ジャック」など、数々の名作を生み出したマンガの神様が語る「創作の秘訣」。自由でユーモラスな、その発想法が明らかに。

1,400円

南原宏治の
「演技論」講義

天使も悪役も演じられなければ、本物になれない——。昭和を代表する名優・南原宏治氏が、「観る人の心を揺さぶる演技」の極意を伝授!

1,400円

幸福の科学グループのご案内

宗教、教育、政治、出版などの活動を通じて、地球的ユートピアの実現を目指しています。

幸福の科学

一九八六年に立宗。信仰の対象は、地球系霊団の最高大霊、主エル・カンターレ。世界百カ国以上の国々に信者を持ち、全人類救済という尊い使命のもと、信者は、「愛」と「悟り」と「ユートピア建設」の教えの実践、伝道に励んでいます。

（二〇一六年四月現在）

愛

幸福の科学の「愛」とは、与える愛です。これは、仏教の慈悲《じひ》や布施《ふせ》の精神と同じことです。信者は、仏法真理をお伝えすることを通して、多くの方に幸福な人生を送っていただくための活動に励んでいます。

悟り

「悟り」とは、自らが仏の子であることを知るということです。教学《きょうがく》や精神統一によって心を磨き、智慧《ちえ》を得て悩みを解決すると共に、天使・菩薩《ぼさつ》の境地を目指し、より多くの人を救える力を身につけていきます。

ユートピア建設

私たち人間は、地上に理想世界を建設するという尊い使命を持って生まれてきています。社会の悪を押しとどめ、善を推し進めるために、信者はさまざまな活動に積極的に参加しています。

国内外の世界で貧困や災害、心の病で苦しんでいる人々に対しては、現地メンバーや支援団体と連携して、物心両面にわたり、あらゆる手段で手を差し伸べています。

年間約３万人の自殺者を減らすため、全国各地で街頭キャンペーンを展開しています。

公式サイト **www.withyou-hs.net**

ヘレン・ケラーを理想として活動する、ハンディキャップを持つ方とボランティアの会です。視聴覚障害者、肢体不自由な方々に仏法真理を学んでいただくための、さまざまなサポートをしています。

公式サイト **www.helen-hs.net**

INFORMATION

お近くの精舎・支部・拠点など、お問い合わせは、こちらまで！

幸福の科学サービスセンター

TEL. 03-5793-1727（受付時間 火～金：10～20時／土・日・祝日：10～18時）

幸福の科学 公式サイト happy-science.jp

教育

学校法人 幸福の科学学園

学校法人 幸福の科学学園は、幸福の科学の教育理念のもとにつくられた教育機関です。人間にとって最も大切な宗教教育の導入を通じて精神性を高めながら、ユートピア建設に貢献する人材輩出を目指しています。

幸福の科学学園

中学校・高等学校（那須本校）
2010年4月開校・栃木県那須郡（男女共学・全寮制）
TEL **0287-75-7777**
公式サイト **happy-science.ac.jp**

関西中学校・高等学校（関西校）
2013年4月開校・滋賀県大津市（男女共学・寮及び通学）
TEL **077-573-7774**
公式サイト **kansai.happy-science.ac.jp**

仏法真理塾「サクセスNo.1」 TEL **03-5750-0747**（東京本校）
小・中・高校生が、信仰教育を基礎にしながら、「勉強も『心の修行』」と考えて学んでいます。

不登校児支援スクール「ネバー・マインド」 TEL **03-5750-1741**
心の面からのアプローチを重視して、不登校の子供たちを支援しています。
また、障害児支援の**「ユー・アー・エンゼル！」運動**も行っています。

エンゼルプランV TEL **03-5750-0757**
幼少時からの心の教育を大切にして、信仰をベースにした幼児教育を行っています。

シニア・プラン21 TEL **03-6384-0778**
希望に満ちた生涯現役人生のために、年齢を問わず、多くの方が学んでいます。

NPO活動支援

学校からのいじめ追放を目指し、さまざまな社会提言をしています。また、各地でのシンポジウムや学校への啓発ポスター掲示等に取り組む一般財団法人「いじめから子供を守ろうネットワーク」を支援しています。

公式サイト **mamoro.org**
相談窓口 **TEL.03-5719-2170**
ブログ **blog.mamoro.org**

政治

幸福実現党

内《ない》憂《ゆう》外《がい》患《かん》の国難に立ち向かうべく、二〇〇九年五月に幸福実現党を立党しました。創立者である大川隆法党総裁の精神的指導のもと、宗教だけでは解決できない問題に取り組み、幸福を具体化するための力になっています。

幸福実現党 釈量子サイト
shaku-ryoko.net

Tiwitter
釈量子@shakuryoko
で検索

党の機関紙
「幸福実現NEWS」

幸福実現党 党員募集中

あなたも幸福を実現する政治に参画しませんか。

○ 幸福実現党の理念と綱領、政策に賛同する18歳以上の方なら、どなたでも党員になることができます。
○ 党員の期間は、党費（年額 一般党員5千円、学生党員2千円）を入金された日から1年間となります。

党員になると

党員限定の機関紙が送付されます。

（学生党員の方にはメールにてお送りします）

申込書は、下記、幸福実現党公式サイトでダウンロードできます。

住所：〒107-0052
東京都港区赤坂2-10-8 6階
幸福実現党本部

TEL 03-6441-0754
FAX 03-6441-0764
公式サイト hr-party.jp
若者向け政治サイト truthyouth.jp

出版メディア事業

幸福の科学出版

大川隆法総裁の仏法真理の書を中心に、ビジネス、自己啓発、小説など、さまざまなジャンルの書籍・雑誌を出版しています。他にも、映画事業、文学・学術発展のための振興事業、テレビ・ラジオ番組の提供など、幸福の科学文化を広げる事業を行っています。

アー・ユー・ハッピー？
are-you-happy.com

ザ・リバティ
the-liberty.com

幸福の科学出版
TEL **03-5573-7700**
公式サイト **irhpress.co.jp**

THE FACT

ザ・ファクト
マスコミが報道しない「事実」を世界に伝えるネット・オピニオン番組

Youtubeにて
随時好評配信中！

ザ・ファクト　検索

NEW STAR PRODUCTION

ニュースター・プロダクション

ニュースター・プロダクション(株)は、世界を明るく照らす光となることを願い活動する芸能プロダクションです。二〇一六年三月には、ニュースター・プロダクション製作映画「天使に〝アイム・ファイン〟」を公開。

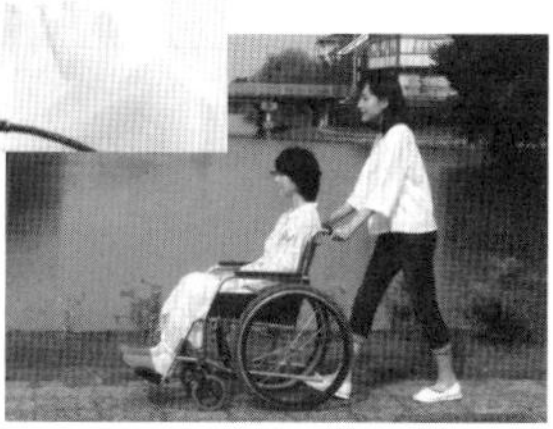

映画「天使に〝アイム・ファイン〟」のワンシーン(下)と撮影風景(左)。

公式サイト
newstar-pro.com